Possano la Pace e la Felicità Trionfare

Discorso conclusivo di
Sri Mata Amritanandamayi
durante la Sessione Plenaria del
Parlamento delle Religioni del Mondo
a Barcellona, in Spagna,
il 13 luglio 2004

Mata Amritanandamayi Center, San Ramon
California, Stati Uniti

Possano la Pace e la Felicità Trionfare

Pubblicato da:
    Mata Amritanandamayi Center
    P.O. Box 613
    San Ramon, CA 94583
    Stati Uniti

—— *May Peace and Happiness Prevail (Italian)* ——

Prima edizione a cura del MA Center: agosto 2016

In Italia: www.amma-italia.it

In India:
    inform@amritapuri.org
    www.amritapuri.org

Indice

Forum
BARCELONA
2004

Prefazione

Tutti insieme, con un'immensa preghiera, possiamo cambiare il corso degli eventi attuali. Ogni essere umano, che è unico ed in grado di creare, costituisce la nostra speranza.

Amma afferma: "Nella nostra fretta, ci dimentichiamo la più grande delle verità – che l'origine di tutti i problemi è da ricercare all'interno della mente umana." Come nelle parole del grande scrittore americano Archibald McLeish, con cui ha inizio lo splendido preambolo della radiosa Costituzione dell'UNESCO: "Poiché la guerra nasce dalla mente degli esseri umani, è nella mente degli esseri umani che dobbiamo erigere il castello della pace."

La vera educazione ci libera e ci permette di agire secondo le nostre decisioni, senza seguire i dettami di nessuno. I mass media, così utili, possono anche, con la loro onnipresenza ed il loro potere di attrazione, trasformarci in spettatori passivi, rendendoci tutti identici e docili di fronte a ciò che essi ci offrono, e acquiescenti alle loro raccomandazioni interessate. È essenziale avere il tempo di pensare, di sentire, di ascoltare, di imparare a conoscere gli altri e infine – e questo è molto difficile – di imparare a conoscere noi stessi.

Come ha detto Amma al Parlamento delle Religioni del Mondo: "Parallelamente ad una comprensione del mondo esterno, è essenziale imparare a conoscere anche il mondo interiore." E ha aggiunto: "L'amore e la compassione sono l'essenza stessa di tutte le religioni... L'amore non ha limitazioni di casta, credo, religione, razza o nazionalità."

Sradicare la povertà, alleviare o, in qualche modo, spazzare via la sofferenza! Per far questo è necessario donare, e donare se stessi. Donare tutto ciò che possiamo ma, soprattutto, donare il nostro tempo, la nostra conoscenza, la nostra fratellanza.

La povertà materiale di molte persone è il risultato della povertà spirituale di coloro che avrebbero potuto dar loro sollievo. Bisogna sottolineare con insistenza che questo è il risultato di una cultura della forza, dell'imposizione, della dominazione; è il risultato delle persone e delle istituzioni che rimangono mute invece di esprimere liberamente le loro proteste e le loro proposte.

È arrivato il momento della cultura del dialogo, dell'accordo reciproco, della comprensione.

6

È arrivato il momento della cultura della pace, la cultura della mano che aiuta, delle voci che si uniscono! Finalmente, il secolo della gente! Finalmente, tutti distinti, ma tutti uniti! Così incomincerà una nuova fase nella storia dell'umanità.

Amma ci chiede di lavorare per gli altri, per i più bisognosi. Spero che venga esaudita la sua preghiera: "Possa l'albero della nostra vita essere fermamente radicato nel terreno dell'amore."

Federico Mayor Zaragoza,
Ex Segretario Generale dell'UNESCO
Presidente della
'Fundación Cultura de Paz',
Madrid, Spagna
Agosto 2004

Introduzione

Oggigiorno, spesso associamo concetti come la molteplicità e le differenze di religione e di cultura al conflitto, alla guerra ed al terrorismo. Dall'11 settembre 2001 il mondo è cambiato; la nostra coscienza collettiva si è colmata di paura, sospetto, e addirittura ostilità verso coloro che sono diversi da noi. In questo momento della storia, un incontro internazionale interfede è forse più essenziale che mai prima d'ora. Il mondo ha sete di una voce che ci ispiri ad unirci per la pace. Al Parlamento delle Religioni del Mondo del 2004 a Barcellona, Amma è stata questa voce. La saggezza universale e senza tempo delle sue parole ci parla, e ci raggiunge, con una straordinaria vitalità in questo momento critico.

Nel momento in cui Amma è salita sul palco, tutto il pubblico si è alzato in piedi ad applaudire. Il giornalista di un quotidiano ha detto: "La sua personalità è tale che si prova una spontanea attrazione per lei. E lei è, naturalmente, diversa e unica, non come altri maestri spirituali." La sala era gremita, con la gente che affollava perfino i corridoi. Si poteva percepire l'aria permeata di una profonda riverenza e di un'eccitazione incontenibile. Amma stava per pronunciare il discorso di punta nel corso della sessione plenaria conclusiva del Parlamento, durato sette giorni. Il suo tema era: "Sentieri verso la Pace – la Saggezza dell'Ascolto, il Potere dell'Impegno." Che insegnamenti avrebbe rivelato questo straordinario essere spirituale in una tale occasione? Come avrebbe sintetizzato in un solo, unificante messaggio l'essenza delle centinaia di conferenze, discussioni e simposi presentati durante l'intero evento? Mentre Amma parlava, è arrivata la risposta. I veri problemi che affrontiamo oggi, e i modi per risolverli, sono stati elencati uno dopo l'altro. Amma è stata in grado di riunire tutti i messaggi, gli insegnamenti ed i sentieri, perché questo è il ruolo del vero maestro spirituale. Come sempre, le sue parole sono state semplici, e tuttavia profonde. Esprimendo i più profondi princìpi spirituali, il discorso di Amma comprende storie avvincenti, esempi pratici e belle analogie. Nel suo breve ma efficace discorso è riuscita a toccare virtualmente tutti gli aspetti della vita.

Amma incomincia il suo discorso spiegando come tenere in considerazione i talenti che ci sono stati donati da Dio. Aumentando il nostro innato potere spirituale, invece che il semplice potere nelle sue varie forme materiali, possiamo raggiungere vera pace e vero appagamento. Invece di incolpare semplicemente la religione per la perpetua frustrazione che l'umanità sperimenta nella sua ricerca della felicità, il discorso fornisce una prospettiva nuova sulla religione e sulla spiritualità, una prospettiva di cui si ha un disperato bisogno nel mondo d'oggi. Esortando tutti a vedere e a comprendere l'essenza della religione da un punto di vista spirituale, Amma ci ricorda che "Là dove c'è vera esperienza spirituale, non può esserci divisione – soltanto unità e amore."

Mettendoci in guardia contro il fanatismo religioso, Amma osserva: "Il problema nasce quando dichiariamo: 'La nostra religione è giusta, la vostra è sbagliata!' Questo equivale a dire: 'Mia madre è una donna per bene, la tua è una prostituta!'" Ma Amma indica anche la strada per una soluzione: "L'amore è la sola religione che possa aiutare l'umanità ad elevarsi ad altezze sublimi e gloriose. E l'amore deve essere il filo unico che lega tutte le religioni e le filosofie." Amma continua col dire che per risvegliare l'unità e diffondere l'amore dobbiamo rispettare le diversità e ascoltare gli altri con cuore aperto.

Amma fa riferimento in modo mirabile anche al tema della guerra, proponendo di dirottare il denaro e gli sforzi impiegati in una guerra verso la pace mondiale, e sostenendo che questo "potrebbe senza dubbio portare la pace e l'armonia nel mondo." Ancora una volta, Amma sottolinea che la chiave per superare i nemici sia interiori che esteriori non è la coercizione fisica o ideologica, ma la spiritualità.

Amma continua ridefinendo la nozione di un altro dei dilemmi mondiali del giorno d'oggi – la povertà. Dividendo la povertà in due categorie, quella fisica e quella spirituale, Amma esorta tutti noi ad affrontare innanzitutto la seconda, perché soltanto un approccio di questo genere può fornire una soluzione duratura ad entrambi i tipi di povertà.

Gli insegnamenti di Amma ci portano sempre a superare i nostri desideri e le differenze personali, conducendoci a fare l'esperienza dell'unità di fondo dell'umanità. A Barcellona, Amma ha ancora una volta posto l'accento su questo messaggio di unità in un punto saliente del suo discorso. Raccontando la storia toccante di un arcobaleno, Amma spiega come la diversità e l'unità possano coesistere, se soltanto riusciamo ad acquisire la saggezza che consiste nel trovare la nostra felicità nel far felici gli altri.

Amma ha detto spesso che servire i poveri è il nostro supremo dovere verso Dio; concludendo il suo discorso, Amma chiede un chiaro impegno ai suoi figli, dicendo: "Dovremmo prenderci l'impegno di lavorare una mezz'ora in più al giorno per coloro che soffrono. Questa è la richiesta di Amma." Chi è più qualificato di lei a parlare dell'importanza e della bellezza del servizio disinteressato? Tali parole sono portatrici di una dimensione di persuasione completamente nuova, in quanto provengono da chi ha impeccabilmente scolpito la sua vita ad immagine di questi insegnamenti.

Il discorso di Amma è stato seguito da un applauso fragoroso; tutti i presenti si sono alzati in piedi per una sentita ovazione.

Quella sera, sebbene la cosa non facesse parte del programma originale (il Parlamento era ormai terminato), Amma ha dato il darshan. Un'enorme folla di ammiratori e un gran numero di funzionari e delegati della conferenza sono andati a lei per una benedizione.

Il darshan si è svolto in un tendone che si affacciava sul Mar Mediterraneo. Questo tendone era stato allestito dalla comunità Sikh per fornire i pasti ai delegati del Parlamento. Amma è arrivata nel tendone poco dopo aver lasciato il Parlamento, e senza preamboli si è diretta verso una sedia che era stata posizionata lì solo qualche minuto prima (perché nessuno sapeva con sicurezza che Amma avrebbe dato il darshan). Con la massima semplicità ha incominciato a ricevere le persone nel suo modo unico, abbracciandole una per una; nel giro di qualche minuto, nonostante l'assenza di un impianto sonoro, alcune persone hanno incominciato a cantare dei bhajan e tutti si sono uniti a loro. Il darshan, che è continuato fino a notte fonda, è sembrato una manifestazione di ciò di cui Amma aveva parlato nel suo discorso qualche ora prima: ecco qui persone provenienti da tutta l'Europa, da tutto il mondo, e di varie religioni, unite nell'esperienza dell'amore. La molteplicità che si incontra nell'unità – la base della pace.

Quella notte, il leader Sikh insieme ad un folto gruppo dei suoi seguaci è venuto a rendere omaggio ad Amma. Pronunciando parole di rispetto e di benvenuto, ha posto entrambe le mani in una grande coppa, estraendole colme di petali di fiori, che ha riversato con entusiasmo su Amma. Lei ha risposto prendendo i petali tra le mani e riversandoli su di lui e sui suoi seguaci.

E poi si è verificato niente meno che un miracolo. Amma ha incominciato a preoccuparsi perché la gente era con lei da così tante ore e nessuno aveva mangiato niente. I Sikh hanno offerto ciò che rimaneva loro: cibo sufficiente forse per 150 persone. Alla fine del darshan, Amma si è diretta immediatamente verso i tavoli e ha incominciato a servire la cena ai suoi figli. Ogni tanto correggeva le porzioni di una determinata portata, calcolandole con precisione per assicurarsi che tutti avessero da mangiare. E ci è riuscita, perché alla fine a tutti è stato servito un pasto abbondante, tutte le pentole sono state ripulite e non c'è stato nemmeno un avanzo. Non si riesce a capire come del cibo sufficiente per centocinquanta persone abbia potuto sfamarne più di mille, senza che nessuno rimanesse privo di cibo e senza che ci fossero degli avanzi.

Qualche ora dopo aver finito il darshan e aver dato da mangiare ai suoi figli, Amma era di nuovo all'aeroporto, a meno di ventiquattrore dal suo arrivo. Il Parlamento si era svolto durante il suo annuale Tour degli Stati Uniti. Amma era partita al termine del programma di Chicago, aveva tenuto il suo discorso, dato un darshan estemporaneo ed era ritornata in tempo per il programma successivo, a Washington, D.C.

Barcellona è stata un altro palcoscenico per l'infinito messaggio d'amore di Amma. In verità, l'Amore conquista ogni cosa. Cerchiamo anche noi, allora, di aprire il nostro cuore e di abbandonarci a questo Amore. Le parole di un mahatma (grande anima) sono come semi piantati nel terreno del nostro cuore. Se il terreno è ricettivo e nutre i semi, essi possono produrre grandi alberi che diano frutti ed ombra ai molti che ne hanno bisogno. Possano le parole di Amma germogliare e crescere nel nostro cuore, rendendo la nostra vita fruttuosa e di beneficio per il mondo.

A conclusione di queste mie parole, lasciatemi fare una citazione tratta da un articolo apparso in uno dei principali quotidiani spagnoli, *El Periódico*: "In un mondo che manca di fede, Amma è un asso spirituale nella manica."

Sì, lei ci conduce davvero al successo supremo, che consiste nel trascendere tutte le debolezze della mente, realizzare pienamente il nostro potenziale ed infine conseguire pace e tranquillità in tutte le circostanze della vita.

Swami Amritaswarupananda
Vice Presidente
Mata Amritanandamayi Math
Amritapuri

Possano la Pace e la Felicità Trionfare

Discorso conclusivo di
Sri Mata Amritanandamayi
durante la Sessione Plenaria del
Parlamento delle Religioni del Mondo
a Barcellona, in Spagna,
il 13 luglio 2004

Amma s'inchina davanti a tutti voi, che siete l'incarnazione dell'Amore puro e della Coscienza suprema. Gli sforzi e i sacrifici di coloro tra voi che sono stati capaci di organizzare un così notevole evento sono al di là delle parole. Amma s'inchina umilmente davanti a tanta abnegazione.

Le capacità che Dio ci ha dato sono un tesoro, sia per noi stessi che per il mondo intero. Questa ricchezza non deve mai essere male utilizzata, e non deve diventare un fardello, né per noi né per il mondo. La più grande tragedia della vita non è la morte; la più grande tragedia consiste nell'utilizzare poco i nostri talenti e le nostre capacità, lasciandoli arrugginire nel corso della vita.

Quando facciamo uso delle ricchezze ricevute dalla natura, esse diminuiscono; mentre quando utilizziamo la ricchezza delle nostre potenzialità interiori, esse aumentano.

Ma stiamo davvero utilizzando le nostre capacità? Qual è sempre stato lo scopo dell'umanità? A che cosa aspira il genere umano? Lo scopo di ciascuno di noi non è sempre stato di ottenere più felicità e soddisfazione possibile, sia nella nostra vita personale che nella società? Ma a che punto siamo oggi? La maggior parte di noi passa da un errore all'altro, e ciò non fa che aggravare i nostri problemi.

Ogni Paese ha cercato di accrescere la propria potenza sviluppando la forza politica, militare, economica, scientifica, tecnologica e degli armamenti. Sono rimaste aree ancora da ricercare o da esplorare? Siamo tutti così concentrati su queste cose! Dopo aver applicato questi metodi così a lungo, abbiamo forse raggiunto vera pace e appagamento? No. Il tempo ha dimostrato che questi metodi da soli non possono darci la felicità.

Soltanto se permettiamo al potere spirituale – che finora non abbiamo ancora sperimentato – di svilupparsi parallelamente a tutti questi differenti settori, riusciremo a trovare la pace e l'appagamento che cerchiamo.

In realtà non esiste che una sola differenza tra gli abitanti dei paesi ricchi e quelli dei paesi poveri: mentre i ricchi piangono in ambienti climatizzati e stupende dimore, i poveri invece piangono sul pavimento di terra battuta della loro capanna. In ogni caso una cosa è chiara: in molte parti del mondo, coloro i quali nutrivano ogni speranza di poter sorridere e vivere felici, ora versano lacrime. Il dolore e la sofferenza stanno diventando il segno distintivo di numerosi Paesi. È assurdo dare la colpa di tutto ciò soltanto alla religione. Una delle cause principali di questi problemi è il modo in cui le persone hanno *interpretato* la religione e la spiritualità.

Oggi cerchiamo all'esterno le cause e le soluzioni di tutti i problemi del mondo. Nella nostra fretta dimentichiamo la più grande delle verità: la fonte di tutti i problemi è nella mente dell'uomo. Ci dimentichiamo che il mondo può diventare buono soltanto se la mente individuale diventa buona. Di conseguenza, parallelamente ad una comprensione del mondo esterno, è essenziale imparare a conoscere anche il mondo interiore.

Un giorno ci fu una cerimonia per inaugurare un nuovo super-computer. Dopo l'inaugurazione, gli organizzatori invitarono i partecipanti a fare una domanda qualsiasi al computer, garantendo che avrebbe risposto in pochi secondi. Ciascuno fece del suo meglio per fare al super-computer le domande più complesse, nel campo delle scienze, della storia, della geografia, ecc.... Non appena veniva fatta una domanda, compariva sullo schermo la risposta. Poi, un bambino si alzò e fece una domanda molto semplice: "Ciao, super-computer. Come stai oggi?" Ma questa volta non ci fu risposta. Lo schermo restò vuoto! Il computer era in grado di rispondere a domande su qualunque argomento, eccetto che su se stesso.

La maggior parte di noi vive in uno stato simile a quello di questo computer. Parallelamente alla comprensione del mondo esterno, dobbiamo sviluppare anche la conoscenza del nostro mondo interiore.

Quando il telefono non funziona, chiamiamo la compagnia dei telefoni per ripararlo, quando il nostro televisore via cavo non riceve chiaramente i programmi, gli specialisti del settore ce lo riparano, e quando la connessione con la rete internet non funziona, un esperto la ristabilisce. Allo stesso modo, la spiritualità è il mezzo per ristabilire la nostra connessione interiore con il Divino. La scienza della spiritualità rimette il 'telecomando' della nostra mente nelle nostre mani.

Esistono due tipi di istruzione: l'istruzione che permette di guadagnarsi da vivere e quella che permette di vivere bene la propria vita. Quando studiamo all'università, impegnandoci per diventare medici, avvocati o ingegneri, si tratta dell'istruzione per guadagnarci da vivere. Ma l'educazione per 'ben vivere' esige la comprensione dei princìpi essenziali della spiritualità; consiste nel raggiungere una migliore comprensione del mondo, della nostra mente, delle nostre emozioni e di noi stessi. Sappiamo tutti che il vero scopo dell'istruzione non è quello di formare persone che comprendono soltanto il linguaggio delle macchine. L'obiettivo principale dell'istruzione deve essere quello di trasmettere una *cultura del cuore*, una cultura fondata sui valori spirituali.

Il considerare soltanto l'aspetto superficiale delle religioni non fa che creare ulteriori divisioni. È necessario vedere e comprendere l'interno, l'*essenza* delle religioni, da una prospettiva spirituale. È soltanto così che il senso di divisione avrà fine. Là dove c'è divisione, non ci può essere esperienza spirituale autentica; e là dove c'è vera esperienza spirituale, non può esserci divisione – soltanto unità e amore. I leader religiosi devono essere pronti ad operare sulla base di questa conoscenza e rendere i loro fedeli consapevoli di queste verità.

Il problema nasce quando dichiariamo: "La nostra religione è giusta, la vostra è sbagliata." Questo equivale dire: "Mia madre è una donna per bene, la tua è una prostituta!" L'amore e la compassione sono l'essenza stessa di tutte le religioni. Che senso ha quindi entrare in competizione?

L'amore è la nostra vera essenza. L'amore non ha limitazioni di casta, credo, religione, razza o nazionalità. Siamo tutti delle perle infilate sullo stesso filo dell'amore. Risvegliare in noi la coscienza di questa unità e diffondere l'amore che è la nostra natura intrinseca, ecco il vero scopo dell'esistenza umana.

In verità l'amore è la sola religione che possa aiutare l'umanità ad elevarsi ad altezze sublimi e gloriose. L'amore deve essere il filo unico che lega tutte le religioni e le filosofie. La bellezza della società sta nell'unità dei cuori.

Esiste grande varietà nel *Sanatana Dharma*, l'antica tradizione spirituale dell'India. Ciascun essere umano è unico e dotato di una costituzione mentale differente. I saggi antichi ci hanno dunque proposto una moltitudine di sentieri, affinché ciascun individuo possa scegliere quello che più gli si addice. Non si può usare la stessa chiave per aprire tutte le serrature, e non a tutti piace lo stesso tipo di abbigliamento o di alimentazione. Questa molteplicità è ugualmente valida per la spiritualità – non a tutti è adatto lo stesso cammino.

Riunioni e convegni come questo devono dare una maggiore importanza alla spiritualità, all'essenza profonda delle religioni. È l'unico modo per arrivare alla pace e all'unità. Questo convegno non dovrebbe ridursi ad un semplice incontro di "entità fisiche". In occasioni come questa, dovrebbe verificarsi un vero incontro, nel quale vedere e conoscere il cuore l'uno dell'altro.

La tecnologia della comunicazione ci dà la sensazione che persone molto lontane sembrino vicine. Tuttavia, per l'assenza di comunicazione tra i cuori, anche coloro che ci sono fisicamente vicini possono sembrare molto lontani.

Questo non dev'essere quindi un convegno qualsiasi, dove tutti parlano, nessuno ascolta, nessuno è d'accordo!

Ascoltare è importante. In questo mondo vediamo e sentiamo molte cose, ma dovremmo evitare di immischiarci negli affari altrui, perché questo può avere conseguenze pericolose. Ad Amma viene in mente una storia.

Un uomo stava camminando lungo il muro di cinta di un ospedale psichiatrico quando sentì una voce gemere: "13... 13... 13... 13". L'uomo si avvicinò per localizzare la provenienza del suono. Vide un buco nel muro, e comprese che il suono veniva dall'altra parte. Per curiosità mise l'orecchio nel buco, sperando di sentire meglio. All'improvviso qualcosa gli morse violentemente l'orecchio. Mentre lui gridava per il dolore, la voce gemette: "14... 14... 14... 14"!

Dobbiamo quindi utilizzare il nostro potere di discernimento per capire a che cosa prestare o meno attenzione.

Le vere guide spirituali amano e venerano l'intero creato poiché vedono la Coscienza divina in ogni cosa. Esse vedono l'Unità nella molteplicità. Ma ai nostri giorni, molti leader religiosi interpretano in modo errato le parole e le esperienze degli antichi saggi e profeti e sfruttano le persone dalla mente debole.

La religione e la spiritualità sono le chiavi con cui possiamo aprire il nostro cuore e guardare tutti con compassione. Ma, accecata dall'egoismo, la nostra mente ha perduto la facoltà di giudicare correttamente e la nostra visione è deformata. Una tale attitudine non farà che creare maggior oscurità. La nostra mente sconsiderata chiude il cuore a doppia mandata usando la stessa chiave che serve per aprirlo.

C'erano una volta quattro uomini che si stavano recando ad una conferenza religiosa e dovettero trascorrere la notte insieme su un'isola. Era una notte gelida. Ciascun viaggiatore trasportava nel suo fagotto alcuni fiammiferi e un po' di legna da ardere, ma ognuno pensava di essere il solo ad averne.

Uno di loro pensò: "Dal medaglione che quest'uomo porta al collo, direi che appartiene ad un'altra religione. Se accendo un fuoco, anche lui approfitterà del calore. Perché dovrei usare la mia preziosa legna per scaldarlo?"

Il secondo uomo pensò: "Quest'uomo viene da un paese che ci ha sempre fatto guerra. Non mi sognerei mai di usare la mia legna per il suo benessere!"

Il terzo uomo guardò uno degli altri e pensò: "Lo conosco, fa parte di una setta che ha sempre creato problemi alla mia religione. Non sprecherò la mia legna per lui!"

L'ultimo uomo pensò: "Quest'uomo ha la pelle di un colore diverso dal mio e non lo sopporto! Non se ne parla che io usi la mia legna per lui!"

In definitiva, nessuno volle accendere la sua legna per riscaldare gli altri e così all'alba erano tutti morti congelati. In modo analogo, noi proviamo ostilità verso gli altri in nome della religione, della nazionalità, del colore e della casta, senza mostrare alcuna compassione verso il nostro prossimo.

La società moderna assomiglia ad una persona con la febbre alta. Man mano che la febbre aumenta, l'ammalato dice cose insensate. Indicando una sedia, può domandare: "Oh, la sedia mi parla. Guarda, la sedia vola!" Che cosa possiamo rispondergli? Come dimostrargli che la sedia non vola affatto? C'è un solo modo per aiutarlo: somministrargli una medicina che gli abbassi la febbre. Quando la febbre scenderà, tutto tornerà normale. Al giorno d'oggi le persone soffrono della febbre dell'egoismo, dell'avidità, dei desideri sfrenati e così via.

La religione e la spiritualità costituiscono il sentiero che ci permette di trasformare la collera in compassione, l'odio in amore, i pensieri di lussuria in pensieri divini, e la gelosia in simpatia. Tuttavia, nel nostro stato mentale confuso, la maggior parte di noi non lo comprende.

La società è composta di individui. Sono i conflitti nella mente individuale che si manifestano esteriormente nella guerra. Quando gli individui cambiano, automaticamente cambia la società. Proprio come esistono nella mente l'odio e lo spirito di vendetta, anche la pace e l'amore possono trovarvi posto.

Per fare la guerra spendiamo miliardi di dollari e impieghiamo innumerevoli persone. Pensate alla quantità di concentrazione e agli sforzi intensi impegnati in questo processo! Se utilizzassimo anche solo una frazione di tutto questo denaro e di questi sforzi per portare la pace nel mondo, potremmo senza dubbio raggiungere la pace e l'armonia. Ogni paese spende somme enormi per i propri sistemi di sicurezza. La sicurezza è indispensabile, ma il più grande di tutti i sistemi di sicurezza consiste nell'assimilare i princìpi spirituali e nel vivere in modo conforme ad essi. Abbiamo dimenticato questa verità.

Per affrontare i nemici che ci attaccano oggi dall'interno e dall'esterno, non basta aumentare la potenza delle nostre armi. Non possiamo più permetterci di tardare a riscoprire e rafforzare la nostra arma più potente: la spiritualità, che è insita in ciascuno di noi.

Più di un miliardo di persone in questo mondo soffrono per la povertà e la fame. È questo, in verità, il nostro più grande nemico. La miseria è una delle ragioni principali che spinge le persone a commettere furti e omicidi, a diventare terroristi. È anche la ragione per cui le persone arrivano a prostituirsi. La povertà non intacca soltanto il corpo ma indebolisce anche la mente. E tali menti sono poi influenzate nel nome della religione e viene iniettato in loro il veleno di ideali terroristici. In questo senso Amma pensa che, sradicando la povertà, l'80% dei problemi della società sarebbero risolti.

Nel suo complesso il genere umano è in viaggio senza una meta precisa.

Un conducente al volante del suo veicolo arrivò ad un incrocio e domandò ad un pedone: "Potete dirmi dove conduce questa strada?"

"Dove volete andare?", s'informò il pedone.

"Non lo so," rispose l'uomo.

"Allora in questo caso," disse il pedone, "poco importa quale strada prendete!"

Non dobbiamo assomigliare a questo conducente. Abbiamo bisogno di una meta molto precisa.

Amma si preoccupa nel vedere la direzione che sta prendendo il mondo. Se in futuro ci sarà una terza guerra mondiale, che non sia una guerra tra le nazioni ma piuttosto una guerra contro il nostro nemico comune, la povertà!

Nel mondo d'oggi, la gente sperimenta due tipi di povertà: la povertà provocata dalla mancanza di cibo, di abiti e di riparo, e la povertà generata dalla mancanza d'amore e di compassione. Delle due, è la seconda che va affrontata per prima, perché se abbiamo amore e compassione nel cuore, potremo servire con sollecitudine coloro che soffrono per la mancanza di cibo, abiti e riparo.

Non è l'epoca in cui viviamo che porterà un cambiamento nella società, ma la nostra compassione. Le religioni dovrebbero riuscire a rendere più compassionevoli i cuori. Tale dovrebbe essere lo scopo principale delle religioni e della spiritualità.

Per proteggere questo mondo, dobbiamo scegliere una strada in cui rinunciamo alle nostre differenze e ai nostri desideri personali. Perdonando e dimenticando, possiamo provare a ricreare questo mondo e dargli una nuova vita. È inutile riesumare e scrutare il passato; ciò non servirà a nessuno. Dobbiamo abbandonare la via della vendetta e della rappresaglia e considerare obiettivamente la situazione del mondo attuale. Soltanto così potremo scoprire il sentiero verso un vero progresso.

Soltanto la nostra fede nell'immenso potere del Sé interiore, che trascende tutte le differenze esteriori, può creare una vera unità, sia tra gli esseri umani, sia tra l'umanità e la natura. Un arcobaleno ci offre il suo splendore ma possiede anche un profondo significato che aiuta la mente a crescere. Un arcobaleno è formato dalla convergenza di sette colori diversi ed è questo che lo rende così incantevole e attraente. In modo analogo, noi dovremmo essere capaci di riconoscere e apprezzare le differenze create dalla religione, la nazionalità, la lingua e la cultura e di unirci per assegnare il primo posto al benessere dell'umanità e ai valori umani universali.

Un arcobaleno appare in cielo soltanto per pochi minuti. Tuttavia, in quel breve lasso di tempo, rallegra tutti i cuori. Proprio come l'arcobaleno che appare solo per un istante nel cielo infinito, la durata della nostra vita non è che un breve attimo rispetto all'eternità, ed è anche minuscola ed insignificante. Finché viviamo in questo mondo, il nostro dovere principale (*dharma*) è di essere di una qualche utilità agli altri. È soltanto quando nell'individuo si risveglia la bontà, che la sua personalità e le sue azioni acquistano forza e bellezza.

C'era una volta una bambina su una sedia a rotelle. Il suo handicap la faceva arrabbiare e la frustrava. Restava seduta tutto il giorno vicino alla finestra sentendosi depressa, osservando con invidia gli altri bambini che correvano, saltavano, facevano capriole e giocavano insieme.

Un giorno, mentre guardava dalla finestra, cominciò a piovigginare. All'improvviso un magnifico arcobaleno apparve in cielo e la bambina dimenticò il suo handicap e il suo dolore. L'arcobaleno la riempì di gioia e di speranza. Ma la pioggia cessò altrettanto rapidamente di come era venuta e l'arcobaleno svanì. Il ricordo dell'arcobaleno la riempiva di una gioia e di una pace insolite. Chiese a sua madre dove fosse andato l'arcobaleno. La madre le rispose: "Mia cara, gli arcobaleni sono delle creazioni molto particolari. Compaiono soltanto quando il sole e la pioggia si incontrano." Da allora, la bambina sedette davanti alla finestra in attesa che il sole e la pioggia si incontrassero. Non pensava più a guardare gli altri bambini che giocavano. Finalmente, in un giorno di sole splendente, cominciò a cadere una pioggia fine e inattesa e un arcobaleno dai colori divini apparve nel cielo. La gioia della bambina era senza limiti. Chiamò sua madre perché la portasse in fretta vicino all'arcobaleno. Non volendo deludere sua figlia, la madre aiutò la piccola a salire in auto e la condusse in direzione dell'arcobaleno. Arrivarono infine in un luogo da dove potevano vedere bene l'arcobaleno: la madre fermò la vettura e aiutò sua figlia ad uscire perché potesse godere dello spettacolo.

Guardando verso l'alto, la bambina disse: "Meraviglioso arcobaleno, come fai a brillare con tanto splendore?"

L'arcobaleno rispose: "Mia cara bambina, non vivo che un breve istante. La mia esistenza non dura che il fugace momento in cui il sole e la pioggia si incontrano. Invece di lamentarmi per la brevità della mia vita, ho deciso di rendere le persone il più felici possibile, in questo breve lasso di tempo. Ed è da allora che sono diventato bello e luminoso."

Poi, mentre stava ancora parlando, l'arcobaleno cominciò gradualmente ad impallidire e alla fine scomparve. La bambina guardò con amore e ammirazione il cielo blu, laddove era apparso l'arcobaleno. Da quel momento non fu mai più la stessa. Invece di deprimersi e compiangersi per il suo handicap, cercò di sorridere e di portar gioia a tutti quelli che le stavano vicini. E così trovò vera felicità e appagamento nella vita.

L'arcobaleno era così bello perché si era dimenticato di sé e viveva per amore degli altri. Nello stesso modo, è quando ci dimentichiamo di noi stessi e viviamo per la felicità altrui che sperimentiamo realmente la bellezza della vita.

Il corpo morirà sia che lavoriamo sia che ce ne restiamo in ozio. Così anziché arrugginire senza fare niente per la società, è meglio consumarsi compiendo buone azioni.

Nel *Sanatana Dharma*, la Religione eterna (oggi generalmente conosciuta sotto il nome di Induismo), vi è il seguente mantra: *"Lokah*

Samastha Sukhino Bhavantu", che significa: "Possano tutti gli esseri in tutti i mondi essere felici."

Secondo le Scritture indiane, non c'è differenza tra il Creatore e il creato, proprio come non c'è differenza tra l'oceano e le onde. L'essenza dell'oceano e quella delle onde è una sola: l'acqua. L'oro e i gioielli sono una sola e identica cosa perché l'oro è l'elemento che costituisce i gioielli. L'argilla e il vasellame sono la stessa cosa, perché il vaso è fatto d'argilla. Non c'è dunque alcuna differenza tra il Creatore, o Dio, e il creato, il mondo. Fondamentalmente sono una cosa sola: pura Coscienza. Quindi dovremmo imparare ad amare tutti allo stesso modo, perché nell'essenza siamo tutti Uno, un solo *Atman*, una sola anima, un solo Sé. Sebbene esteriormente ogni cosa sia diversa, interiormente tutto è una manifestazione del Sé assoluto.

Dio non è un individuo limitato, seduto tutto solo in alto tra le nuvole, su un trono dorato. Dio è la pura Coscienza che dimora all'interno di ogni cosa. Dobbiamo comprendere questa verità e così imparare ad accettare ed amare tutti gli esseri allo stesso modo.

Proprio come il sole non ha bisogno della luce di una candela, Dio non ha bisogno di nulla da noi. È Dio a donare ogni cosa. Il nostro dovere è di andare verso i sofferenti e servirli.

Nel mondo ci sono milioni di profughi e indigenti. I governi si sforzano di aiutarli in diversi modi, ma il mondo ha bisogno di molte più persone pronte a lavorare in uno spirito di sacrificio.

Nelle mani di persone preoccupate dei propri interessi, un milione di dollari si riduce a 100.000 dollari prima di arrivare alle persone che ne devono beneficiare. È come versare dell'olio da un recipiente in un altro e poi ancora in un altro e così via. Alla fine non resta più olio, perché ne é rimasto un po' in ciascun recipiente. La situazione, al contrario, è molto diversa se si tratta di persone impegnate nel servizio disinteressato. Se ricevono 100.000 dollari, distribuiranno ai bisognosi l'equivalente di milioni di dollari. Questo grazie alla purezza della loro motivazione: esse voglio semplicemente essere utili alla società. Invece di ricevere un salario, donano tutto a coloro che soffrono.

Se abbiamo anche solo un po' di compassione nel cuore, dovremmo prenderci l'impegno di lavorare ogni giorno una mezz'ora in più per i sofferenti e i bisognosi. Questa è la richiesta di Amma. Amma è convinta che così sarà possibile trovare una soluzione a tutta la sofferenza e alla povertà che regnano nel mondo.

Oggi il mondo ha bisogno di persone che esprimano la bontà con le parole e con le azioni. Se prendiamo esempio da tali modelli di nobiltà, le tenebre che regnano attualmente nella nostra società saranno disperse e la luce della pace e della non-violenza verrà nuovamente ad illuminare questa terra. Lavoriamo insieme a questo scopo!

Possa l'albero della nostra vita essere fermamente radicato nel terreno dell'amore;

Possano le buone azioni essere le foglie di quest'albero;

Possano parole di gentilezza costituirne i fiori;

E possa la pace esserne il frutto.

Possiamo noi crescere ed espanderci come una sola famiglia, unita nell'amore, per gioire e celebrare la nostra unità in un mondo in cui regnano la pace e l'appagamento.

A conclusione delle sue parole, Amma vorrebbe anche aggiungere che, in verità, niente è la fine. Proprio come il punto alla fine di una frase, c'è solo una breve pausa – una pausa prima di un nuovo inizio sul cammino verso la pace. Che la grazia divina ci benedica e ci dia la forza di portare avanti questo messaggio.

Aum Shanti Shanti Shanti

www.ingramcontent.com/pod-product-compliance
Lightning Source LLC
Chambersburg PA
CBHW070046070426
42449CB00012BA/3172